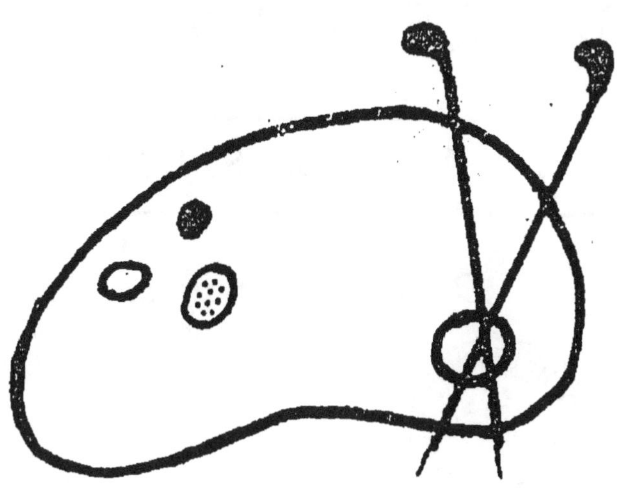

Couvertures supérieure et inférieure
en couleur

PROJET

D'UN DÉCRET PROVISOIRE

SUR LE CLERGÉ, &c.

PAR M. l'Abbé SIEYES.

Du 12 Février 1790.

A PARIS;

DE L'IMPRIMERIE NATIONALE.

1790.

AVANT-PROPOS.

C'EST véritablement un Avant-Propos que j'écris, puisque je dois reporter un instant le Lecteur aux premiers jours d'Août de l'année dernière. On connoît suffisamment ce qui s'est dit & fait à l'Assemblée & dans les rues de Versailles, depuis le 6 jusqu'au 11, relativement aux dîmes. Tout le monde n'est pas aussi bien instruit de ce qui s'étoit passé dans les Comités, où s'agitoient d'avance les questions & les motions que l'on portoit ensuite à l'Assemblée. Voici un fragment de discours, ou de conversation de ce temps-là. S'il n'est utile, il ne sera pas non plus dangereux.

« . . . . Vous avez une Constitution à faire, & les Finances à rétablir. Ne perdons pas de vue, un seul instant, ce double objet; bornons-y tous nos efforts. Si la Révolution qui s'opère ne ressemble à aucune autre, c'est qu'elle a pour première & véritable cause les progrès de la raison. C'est par la force des principes que nous sommes victorieux. Que les Agens de l'ancienne Administration, que l'espèce d'hommes qui circule dans les anti-chambres de ce pays, & sur-tout que les maîtres en tactique parlementaire se persuadent que rien ne se fait au monde que par l'intrigue, que par des manœuvres, & qu'ils pensent tous devenir des hommes d'Etat, quand ils s'élèvent jufqu'à combiner une bonne & grande injuftice, cela eft affez naturel. Eft-ce à ces gens-là à connoître le pouvoir de la raifon, de cette caufe qui agit féparément, il eft vrai, mais qui, agiffant en même temps dans tous les efprits, fe trouve fans concours, fans concert prémédité, avoir pourtant travaillé dans le même fens, & rallie, au moment propice, plus de volontés, plus de forces individuelles, que ne pourra jamais faire le machiavélifme le mieux entendu? Défions-nous des anciennes habitudes, & de la prétendue habileté des *faifeurs*. C'eft la raifon, oui la raifon qui nous a mûris pour la liberté, & qui doit avoir tout l'honneur de la Révolution. Lorfqu'il s'agit de l'achever, de la confolider, d'en affurer au Peuple tous les avantages, ne devenons point ingrats; gardons-nous de dédaigner la force des principes, & de gâter, de déshonorer notre ouvrage.

» Occupons - nous donc de la Conftitution; hâtons-nous fur-tout, parce que nos ennemis vont employer tous leurs efforts à féduire & tromper un Peuple qui fe laffe facilement. Tout délai inutile ne peut que multiplier les chances en leur faveur. Hâtons-nous, parce que le Royaume périt par le défordre des finances, auquel pourtant il nous eft interdit de remédier, avant d'avoir achevé la Conftitution. Il me femble que ce devroit être pour nous tous une vérité démontrée, & un principé convenu, que tout ce qui ne va pas à la Conſtitution eſt dangereux, que tout ce qui n'eſt pas pour elle, eſt contre elle. Si vous vous pénétrez de ce ſentiment, vous ne commencerez pas ſans doute par bleſſer, par irriter des hommes qui ſont appelés à coopérer avec vous. Puiſque c'eſt avec des Prêtres, avec des Nobles, que vous avez à faire votre Conſtitution, n'ayez pas l'imprudence de les attaquer, de les braver d'avance. Tout le monde ſent aujourd'hui la néceſſité d'établir l'unité ſociale ſur la deſtruction des Ordres, & de toutes les grandes Corporations; nous en viendrons facilement à bout, ſoit parce que les principes en cette matière ſont trop évidens pour qu'on nous oppoſe de longues difficultés, ſoit parce qu'en général, les hommes ne mettent pas à maintenir de pures abſtractions, cette vigueur & cette opiniâtreté avec laquelle on défend une propriété ſenſible & particulière. Non, il n'eſt pas ſage en ce moment de menacer les propriétés du Clergé, & d'indigner contre vous des hommes qui ſeront toujours à vos côtés, dans la carrière que vous allez parcourir.

» Vous dites que vos forces ſeules vous ſuffiront pour achever la Conſtitution, je le veux; c'eſt même pour moi une vérité hors de doute, que la France veut & aura une Conſtitution, quels que ſoient les obſtacles qu'on cherche à lui oppoſer. Mais, au milieu d'une foule de petits combats qu'il vous faudra livrer, n'eſt-il pas à craindre que vous l'ayèz moins bonne?

Pouvez-vous au moins nier que tant d'intérêts & de paſſions ſoulevées ne ſoient très-propres à vous retarder dans votre marche ; vous oubliez ainſi & toujours, que ſi votre premier beſoin eſt de faire une Conſtitution, votre ſecond beſoin eſt de l'achever le plus tôt poſſible. Encore une fois, Meſſieurs, allons tout de ſuite à notre but. Dans les changemens prodigieux qui ſe préparent, il n'y aura que trop de malheureux. Ménageons, reſpectons les perſonnes, car c'eſt pour les perſonnes que les ſociétés exiſtent. Les déſordres, il faut les réprimer ; les abus, il faut les détruire ; le deſpotiſme, l'ariſtocratie, il faut les anéantir ſans retour. Perdons la choſe, mais reſpectons les individus ; car ſi l'état ſocial n'a pas pour unique objet le bonheur des individus, je ne ſais plus ce que c'eſt que l'état ſocial.

» D'ailleurs, puiſqu'il faut vous le dire, vous n'êtes pas encore en état d'agiter la queſtion des biens du Clergé, & celle des dîmes en particulier, puiſque vous ne connoiſſez pas encore ce que doit être le Clergé, & quelles deſtinations vous pourrez indiquer aux biens eccléſiaſtiques qui viendront à vaquer. Songez qu'après que la Conſtitution aura tué le Clergé comme Ordre & comme grande corporation, il ne reſtera que des Miniſtres du culte, attachés aux grandes Communes & aux petites Provinces qu'il eſt néceſſaire d'établir en France. C'eſt alors que vous pourrez avec avantage

ouvrir de nouveaux canaux aux richeſſes eccléſiaſtiques, ſans craindre les réclamations d'un
Corps que nous ſuppoſons détruit. Attendez
l'époque où il nous faudra chercher, & balancer
tous les moyens de venir au ſecours des finances;
alors la queſtion des dîmes deviendra une des
plus intéreſſantes que l'on puiſſe traiter, & ſous
le rapport de l'agriculture que nous ſoulagerons
peu-à-peu de ce fardeau, & ſous le rapport du
Tréſor national auquel les dîmes procureront les
plus abondantes reſſources. Encore un moment,
ce jour n'eſt pas bien éloigné; je dis mieux,
vous le rapprocherez, en l'attendant, parce
qu'en tout, il ſe trouve qu'au lieu de perdre du
temps, on en gagne beaucoup, quand on ſait
mettre chaque choſe à ſa place. Tenez, per-
mettez-moi de vous donner d'avance une notion
légère du plan que je prépare à ce ſujet. Je deſire
ardemment qu'il puiſſe prêter un peu de force aux
invitations de paix que je viens de vous faire.

» Vous avez ſûrement penſé comme moi,
qu'une nouvelle Conſtitution devoit embraſſer
tous les beſoins publics, & créer des moyens ſûrs
pour y pourvoir. La charge des pauvres, par
exemple, eſt inſéparable d'un état ſocial, où tous
les hommes doivent être libres, où la population
eſt immenſe, & où l'appel du travail, ainſi que
ſes facultés, ſont ſi inégalement répartis, que les
moins favoriſés, en ce genre, ne pourroient vivre
toute l'année, s'ils étoient réduits à leur ſeule
reſſource. Il m'a toujours paru que l'eſprit des

fondations ecclésiastiques permettoit au Législateur d'asseoir cette charge sur les biens du Clergé. Vous pensez d'ailleurs que le Trésor public ne seroit pas en état d'y pourvoir, & qu'il seroit en ce moment souverainement impolitique d'annoncer même le plus beau des établissemens, avec la condition d'un nouvel impôt à créer pour le soutenir.

» Dans votre nouvelle Constitution, vous aurez aussi un nouveau plan de l'instruction publique à créer. Dispensez-moi en ce moment, de vous montrer sa nécessité. Les fonds qui sont déja appliqués à ce besoin public sont insuffisans. Ainsi nouvelle charge pour le Trésor national, si vous n'aviez l'attention de la faire porter sur les richesses du Clergé. Lorsque vous présenterez ces nouvelles & utiles destinations aux Municipalités, ou plutôt à ces grandes Communes que vous formerez dans toute l'étendue du Royaume, comme la seule bonne base d'un nouvel ordre de choses, soyez certains qu'à l'instant vous ferez naître par-tout la plus grande confiance en vos opérations......

» Arrêtons-nous un instant. Ne sentez-vous pas déja que les dîmes que vous avez proscrites dans le fond de vos cœurs, seroient enlevées, non plus à des Prêtres, dont le nom seul vous met en colère, mais aux pauvres, mais à l'instruction générale ? Et ce seul point de vue ne vous inspire-t-il pas déja quelques regrets sur un projet de destruction qui tombe principalement sur la partie du Peuple la plus malheureuse. Mon opinion bien ferme est sans doute qu'après avoir affranchi les personnes, il faut trouver le moyen d'affranchir les terres. Mais certes, je ne penserai jamais que ce soit par l'abolition des redevances territoriales. Donnez au propriétaire le droit de se libérer, s'il le veut, par une sorte de remboursement ou de rachat. Rendez ce rachat le plus doux, le plus facile possible, à la bonne heure ; mais annuller la créance, affranchir le débiteur purement & simplement, me paroît le comble de l'injustice, &, s'il faut le dire, approcher de la démence ; nous ne sommes pas envoyés ici pour porter atteinte à la propriété ; la France, l'Europe entière diront anathême à quiconque entreprendra de violer ce premier principe de l'ordre social, ce dieu de toute législation. Laissez-moi presser mes idées pour vous présenter, dans le plus court espace possible, le plan que j'ai conçu sur les dîmes. C'est en elles que j'espère pour le salut de la France.

» Bientôt le Clergé cessant d'exister comme Corps, cessera d'être propriétaire de ses biens. Vous n'aurez plus à faire qu'à des Bénéficiers, à la vérité inamovibles, mais simples Titulaires viagers. Ne voyez-vous pas déja à votre disposition une immensité de ressources, telles qu'il n'est pas de *déficit*, de gouffre fiscal, quelque profond qu'on nous le démontre, qu'il ne soit aisé de combler. Ainsi, à la vacance des Bénéfices, vous pourrez, d'après les vues que je viens de vous expofer, vous faifir des domaines fonciers pour inftituer le nouvel établiffement eccléfiaftique, concurremment avec celui des pauvres, & celui de l'inftruction publique. J'aimerois mieux qu'on ne dénaturât pas ces fonds, & qu'on fe contentât, par des échanges bien entendus, de reporter fur les Communes pauvres en ce genre, le fuperflu de celles où les fondations eccléfiaftiques font furabondantes. Mais fi l'on préfère de vendre ces domaines, & d'en placer le prix au profit du culte, des pauvres & de l'inftruction, il eft bien clair, 1°. que vous allez remplir, par ce moyen extraordinaire, tel emprunt national qu'il vous plaira d'ouvrir, fuivant l'exigence des befoins ; 2°. que par conféquent vous allez faire refluer fur des emplois utiles de la fociété, en entreprifes de commerce, d'induftrie & d'agriculture, les capitaux qui s'accumulent d'ordinaire pour les befoins du Gouvernement, & qui feront enfin forcés de prendre une route productive ; 3°. que le baiffement du taux de l'intérêt fera l'effet de cette nouvelle concurrence dans l'offre des capitaux.

» Suivons les avantages directs que cette opération doit d'abord offrir au Tréfor public; n'eft-il pas certain que, fans rien faire perdre au fervice du culte, des pauvres & de l'inftruction, vous pouvez faire profiter l'Etat de la *différence* entre la rente d'un domaine territorial, & l'intérêt d'une valeur égale prêtée à la Nation ? N'eft-il pas évident que les grandes

Communes du Royaume recevront toujours une somme annuelle, égale à celles dont elles jouissoient, lors même qu'au lieu de placer sur le Tréfor public à cinq pour cent, vous vous feriez contentés d'en demander l'intérêt à trois ou trois & demi pour cent : dès-lors vous voyez bien que votre emprunt national ne doit plus être fermé, & que c'est à l'Etat à absorber succeffivement par cette voie tout le prix des biens eccléfiaftiques, avec lequel vous rembourferez des capitaux dont vous payez un intérêt bien fupérieur ;.... je livre à votre imagination les biens infinis qui réfulteront de ce plan de rembourfement, &c.

» Que fi l'intention de ménager les Provinces vous fait refpecter les biens-fonds du Clergé, fur lefquels en effet les Provinces croiront appercevoir une garantie bien plus folide des établiffemens que vous leur promettez : eh bien ! les dîmes dédommageront l'état des avantages que vous ne pourrez lui procurer par la vente des biens-fonds. Ce fera le même plan à fuivre. Il n'y aura de différence qu'en ce que les fecours provenans des dîmes feront plus prompts, & par conféquent plus fenfibles.

» La dîme doit être rachetable. Ainfi le veut la bonne politique, inféparable de la profpérité de l'agriculture. La dîme doit être rachetée, parce qu'elle n'appartient pas au propriétaire qui la paye ; & que s'il lui eft avantageux de la racheter, ce n'eft pas une raifon pour lui en faire préfent. La feule confidération qui doive nous guider à cet égard eft que le propriétaire ne pouvant pas être forcé de racheter, il faut qu'il y trouve fon profit; il faut l'intéreffer à faire l'impoffible pour fe décharger de cette onéreufe preftation. Ainfi, 1°. on pourra régler que la dîme fera rachetée, non fur le pied de ce qu'elle fe paye, mais fur le pied du produit net qui revient au décimateur, après avoir prélevé les frais énormes de cette forte d'exploitation ; 2°. on pourra ajouter à cet avantage déja fi confidérable, celui d'une prime d'encouragement pour ceux qui fe hâteront d'offrir ce rachat. Cette prime fera graduelle, en raifon inverfe du temps que l'on mettra à fe racheter.

» Encore un moment d'attention, je voudrois rendre tout ceci plus fenfible par un exemple. Suppofons qu'une dîme foit en elle-même de la valeur de 7000 liv., & que néanmoins le décimateur n'en touche guères que 5000 liv. net. C'eft en général ce qui arrive; les frais de perception enlèvent au moins les deux feptièmes. Il eft clair, comme je viens de le dire, que le propriétaire a un extrême intérêt à amortir cette redevance fur le pied de 5000 liv. de rente.

» Enfuite, on fait que le capital d'une rente territoriale s'eftime beaucoup plus haut que le capital d'une rente égale fur le Tréfor public. Les rentes territoriales s'évaluent au denier 30 & même 40 ; & cependant je ne voudrois pas fixer le rachat des dîmes au-delà du denier 25. Nouvel avantage pour le propriétaire.

» D'après toutes ces suppositions, le rachat d'une dîme de 7000 liv. se feroit au prix de 125,000 liv., & cependant on pourroit placer cette somme sur la Nation, de manière à n'en retirer que 5000 liv. de rente, puisque le décimateur n'en avoit pas davantage. Il suffiroit donc de demander à l'Etat 4 pour 100 d'intérêts des sommes provenant du rachat des dîmes.

» J'ajoute que si le revenu des biens-fonds du Clergé, additionné avec la rente des dîmes, venoit un jour à présenter un excédent véritable sur leur nouvelle destination, j'ajoute, dis-je, que nous aurions encore un motif très-probable d'espérer que l'Etat finiroit par ne payer que 3 pour cent, & peut-être moins encore, des sommes provenant du rachat des dîmes.......

N'oubliez pas qu'il y a déja un grand nombre de Bénéfices vacans, que les plus riches Bénéficiers sont presque tous avancés en âge, & qu'une Nation finit assez tôt une opération de la nature de celle dont il s'agit, lorsqu'en la commençant tout de suite, il n'y a plus que quelques années à attendre pour la consommer. Écartons, à cet égard, tout sentiment d'impatience. Il s'en faut bien que vous ayez calculé les inconvéniens d'une brusque secousse en matière de finances. Il y auroit de la folie à desirer que le rachat de toutes les dîmes arrive à-la-fois & tout de suite au Trésor public. Plus de 70 millions ne fe rachètent pas tout-à-coup, au capital de près de deux milliards. Les grands déplacemens doivent être fucceffifs dans un Etat où l'on fait ménager les hommes ; & puis, c'eft que vous ne trouveriez pas l'argent néceffaire, c'eft que fi vous pouviez l'accumuler, ce feroit tant pis pour vous ; car vous deffécheriez jufques dans leur germe l'induftrie, l'agriculture & le commerce.

» Cependant, en nous en tenant à notre plan, la chofe publique ne s'en relevera pas moins plus profpère que jamais. A peine le Public verra-t-il en perfpective l'ordre évidemment rétabli dans la finance, que la confiance renaîtra de toute part ; toutes les bourfes s'ouvriront ; le befoin de prêter n'eft pas moins impérieux que celui d'emprunter ; vous verrez même les capitaliftes chercher à faire des arrangemens particuliers avec les propriétaires des fonds, pour les aider à fe libérer plus tôt de la dîme, & à gagner la prime d'encouragement...... Je m'arrête, cette matière ne vous eft pas étrangère ; vous voyez auffi bien que moi quel effet ce feroit pour une époque de révolution, que la reftauration du crédit public, & le baiffement du taux de l'intérêt ; comme un tel évènement feroit propre à faire refpecter votre ouvrage, & à honorer à jamais la première Affemblée Nationale de France ! Devant une telle perfpective, fouffrirez-vous que de petites paffions haineufes viennent affiéger votre ame, & réuffiffent à fouiller d'immoralité & d'injuftice la plus belle des Révolutions? Quitterez-vous le rôle de Législateurs pour vous montrer, quoi! des *anti-Prêtres?* ne pouvez-vous oublier un inf- tant cette animofité contre le Clergé, dont je ne contefte point l'exiftence, puifqu'au milieu de vous tous, j'ai le trifte privilège d'en être feul la victime? Mais eft-ce à nous à recueillir les opi- nions qui règnent à cet égard, dans les rues, dans les cafés & dans les fallons de Paris? devons-nous fervir cette jaloufie bourgeoife qui tourmente l'habitant des petites villes contre M. *le Chanoine,* ou M. *le Bénéficier?* Toutes ces miferes de l'homme privé ne font point faites pour nous guider dans notre carrière. Le Clergé, comme tous les gros Corps de l'Etat, doit être pris en maffe. Il faut dire, il faut favoir au moins ce qu'il doit être, avant de l'attaquer dans ce qu'il eft. Allons à la Conftitution, au rétabliffement des finances. Encore une fois, foyez Législateurs; vous redeviendrez affez tôt de fimples individus pour exercer vos haines, vos mépris, vos ven- geances particulières, & au moins vous n'aurez pas à vous reprocher un jour d'avoir détourné, pour fatisfaire des paffions privées, le plus grand & le plus refpectable de tous les pouvoirs.....

›› Ceux qui ont condamné la vivacité de mon opinion pour le rachat des dîmes, dans la foirée du 10 Août, ne fe mettent pas affez à la place d'un homme qui voyoit fe diffiper & s'anéantir pour l'Etat, les reffources auxquelles il atta- choit la reftauration des finances, & par conféquent le falut public. Il faudroit, pour juger du fentiment dont j'étois agité, avoir devant foi & pouvoir comparer les deux plans dont on commence à faire la différence ; l'un pour nous conduire furement au but, en ménageant les perfonnes ; l'autre pour nous perdre dans les brouffailles, après avoir ruiné & tourmenté des milliers d'individus : à tort ou avec raifon, c'eft ainfi que je voyois. Je ne défefpère pas cependant ; il eft encore un moyen de ramener, d'intéreffer même au rachat des dîmes, & de les tourner au profit de l'Etat, fans manquer à leur deftination primitive. Quoique les articles qui préfentent cette idée affez fimple, foient renvoyés à la fin du Projet de Loi que je foumets au public, on s'appercevra aifément qu'ils n'en font pas moins une partie effentielle & fondamentale.

» Maintenant, on voudra bien me permettre de dire, pour la première fois, un mot de réponfe à cette foule, dieu merci affez nombreufe, de Cenfeurs que mon opinion m'a fufcités. Le réfultat le plus apparent de leurs merveilleufes critiques, fe réduit à prononcer, que je fuis Membre du Clergé . . . . . Réponfe. Il eft vrai que je fuis Membre du Clergé.

» On m'a lancé quelques bonnes épigrammes, & grand nombre de mots infignifians . . . . . Réponfe. Il eft vrai que les mots de la langue appartiennent à quiconque veut s'en faifir, & les bons mots à qui fait les trouver ; & qu'après

tout

tout cela, il faut commencer à raisonner quand on le veut, ou qu'on le peut.

On m'a reproché vivement d'avoir été seul de mon avis, contre toute l'Assemblée . . . . Je demande si l'on peut expliquer une telle conduite, autrement que par la folie ou par l'évidence irrésistible de la raison. Choisissez, car l'*intérêt* ne porte pas à se montrer seul contre tous.

On m'a jugé d'après les deux ou trois cents morales d'Etat, de Robe, de Corps, de Société, &c. &c. &c. qui règnent en France, en attendant la véritable & unique morale qui doit être la règle de tous & sur tout. . . . . . Il est vrai que les deux ou trois cents morales de ce qu'on appelle encore *les honnêtes gens*, ne me sont pas favorables, & que j'attends ce qu'en dira la véritable morale.

A mon tour, j'ai quelques remarques à faire.

Depuis long-temps on prend plaisir à répéter d'excellentes plaisanteries contre l'influence de la *maudite Robe* (1), sur les sentimens de celui qui la porte. Quand voudra-t-on observer aussi toute l'influence d'une *Robe* sur les jugemens de ceux qui ne la portent pas ?

Lorsqu'une chose ne paroît fausse qu'à cause de l'habit de celui qui parle, n'y a-t-il pas à parier que ce qu'il dit est vrai ?

---

(1) Point de mauvaise querelle ; je fais allusion au *Procureur-Arbitre*.

N'est-il pas un peu surprenant que malgré la bonne opinion qu'en général chacun a de son esprit, si peu de gens osent se croire compétens pour connoître d'un raisonnement & juger de ce qu'il vaut en lui-même? On ne se croit permis que de se prévenir pour ou contre. Présentez à des êtres qui se disent raisonnables, les meilleures raisons; au lieu d'y regarder, ils lorgnent votre Robe, & ils savent tout juste ce qu'il en faut penser; & moi aussi, je sais ce qu'il faut penser de cette logique, je vois d'où elle part; mais je suis assez poli pour ne le pas dire.

PROJET

D'UN DÉCRET PROVISOIRE

SUR LE CLERGÉ, &c.

JE fens, Meffieurs (1), que c'eft de ma part, une entreprife difficile & délicate, que d'ofer monter à cette Tribune, pour vous parler du Clergé, quand, placé à cet égard, entre les opinions furannées du 11ᵉ. fiècle & celles qui ne devroient appartenir à aucune époque de l'hiftoire humaine, je m'expofe évidemment à choquer les nombreux intérêts qui fe font emparés de cette caufe. Je parlerai cependant. Je porte au fond de mon ame le fentiment confolant que je n'ai perfonnellement rien à me reprocher : mais je n'en fuis pas moins pénétré des difficultés & de l'embarras extrême où nous nous fommes jetés ; pas moins affligé de voir le fort d'une claffe entière de Citoyens,

------

(1) J'avois la parole ce matin, fur le Clergé. M. *Roederer* qui a parlé le premier, a propofé d'aborder la queftion par fon principe, & de la traiter dans fon enfemble. L'Affemblée en a jugé autrement ; elle a interdit de parler d'autre chofe que des vœux monaftiques. Comme je ne crois pas que cette efquiffe de travail puiffe avoir la moindre utilité, fi elle n'eft faifie dans fon enfemble, je préfére de la foumettre à mes Collégues par la voie de l'impreffion. Ce 12 Février 1790.

qui ne l'a point mérité, s'aggraver de plus en plus, par votre embarras même; pas moins effrayé du danger que courent cent mille hommes innocens, si l'on vient à vous perfuader qu'il n'eft plus poffible de fortir de notre pofition qu'en les abandonnant. J'aurai donc de nouveau la force de vous dire mon avis, puifque je le crois utile, fans m'informer davantage, s'il me vaudra des applaudiffemens ou de la haine.

Vous avez décrété que tous les Curés du Royaume auroient au moins 1200 liv. Votre intention n'a pas été fans doute de puifer dans les richeffes du tréfor public les moyens d'exécution de cette loi. On ne peut les prendre que fur les biens du Clergé.

Vous avez décrété qu'il fera vendu une maffe de biens eccléfiaftiques, fuffifante pour faire, avec la vente des domaines, une fomme de 400 millions. Autre tribut impofé aux biens d'Eglife.

Vous avez décrété l'abolition des dîmes, en vous réfervant de fournir un traitement convenable aux Miniftres du culte. Aucun d'eux pourtant n'a cru devoir placer fa confiance fur le tréfor public : tous attendent leur traitement des feuls biens du Clergé. Ne me refufez pas votre attention fur le rapprochement que je vous préfente.

Vous n'avez pas décrété, mais la raifon & la juftice éternelle ont décrété avant vous, que nulle autorité fociale n'a le droit de faire des loix rétroactives, & que rejetter ce principe, c'eft vouloir renverfer la fociété. Tout titulaire actuel a reçu fon bénéfice, en vertu de la loi même, à titre inamovible. Rien donc ne peut le déposséder, qu'une force arbitraire, Toute votre puissance se borne à changer cette loi pour l'avenir.

Maintenant, j'ignore par quels moyens vous vous êtes proposés de concilier tous ces Décrets.

Mais une vérité me frappe au milieu de tant de difficultés, c'est que la méthode que vous avez adoptée de traiter partiellement des questions aussi importantes, vous prive de l'avantage le plus essentiel au Législateur, je veux dire de la vue de l'ensemble. Le détail le mieux sçu n'est encore que la moitié de ce que vous avez à connoître; c'est par leurs rapports mutuels que les détails se lient, se combinent entr'eux & que coordonnés à un but, ils forment un systême suivi, seul moyen d'éviter l'incohérence & les contradictions si propres à déshonorer même les meilleures intentions. En outre, l'économie du temps est un de nos premiers besoins : eh! n'est-il pas trop certain qu'en refusant, comme vous l'avez fait, de prendre en considération l'ensemble de tout ce qui regarde le Clergé, vous vous êtes condamnés ou à vous traîner de questions en questions, pendant l'espace de deux à trois mois, ou à laisser suspendue à la merci du hasard une profession respectable que vous avez, pour ainsi dire, détachée de ses fondemens.

Le Clergé étoit riche; vous aviez besoin d'argent..... C'est souvent avec des réflexions simples qu'on explique les évènemens les plus extraordinaires. Mais enfin ces richesses, vous les avez mises à la disposition de la Nation; elles ne vous échapperont pas. N'est-il pas temps de considérer dans le Clergé autre chose que ses biens? N'est-il pas temps de calmer tant d'inquiétudes perfonnelles, en ftatuant définitivement fur le fort des Titulaires actuels ; & s'il étoit poffible d'épargner au public ces fignaux répétés d'alarmes fur la créance de l'Etat, ces redoublemens de friffon fur le fort des rentiers, qui arrivent à point nommé chaque fois que le Clergé eft à l'ordre du jour : peut-être arriverions-nous auffi bien & tout auffi librement à un réfultàt, je ne dis pas capable de fatisfaire tout le monde , mais au moins qui, en procurant le plus de bien aux uns , feroit aux autres le moins de mal poffible. C'eft à quoi je dois borner mes tentatives ; auffi je me hâte de déclarer qu'à la place du Légiflateur, je n'aurois pas le courage de dépouiller un feul Eccléfiaftique réligieux ou féculier, de la moindre partie de fa jouiffance. Mais puis-je m'arrêter à un plan que vos Décrets ont rendu déformais impraticable? C'eft cette année, c'eft pour le moment, qu'il faut donner les moyens de procurer 1200 liv. au moins, à tous les Curés dont la portion congruë ou la dotation eft au - deffous de cette fomme. Cela fe peut-il , fans ôter quelque chofe aux autres Titulaires ? Je ne le crois pas. Ce rapprochement feul prouve affez que le véritable fuccès de mon projet ne peut être que d'en empêcher un plus mauvais.

Je me fuis mis à la place du Clergé, plutôt qu'à celle du Légiflateur. A la place du Clergé, je fens que j'offrirois moi-même le plan qui va vous être foumis, & que j'en folliciterois l'exécution. J'ai befoin qu'on m'écoute dans cette fuppofition, & non dans toute autre. Elle feule peut me fervir d'excufe. Je la donne d'avance pour réponfe à toutes les imputations préfentes & à venir.

Il seroit trop long de développer l'esprit & la tendance de tous mes articles. S'ils sont bien liés, s'ils forment véritablement un ensemble, ils doivent se déveloper d'eux-mêmes, sans autre secours que votre attention. Je me borne donc à indiquer les quatre grandes divisions qui partagent mon travail. J'ai dû considérer ce que le Clergé peut devenir, lorsqu'il sera salarié par la Nation & qu'elle ne permettra plus, avec raison, qu'il y ait des serviteurs inutiles. J'ai du m'occupper du sort présent des Titulaires, & tracer, en quelque sorte, le passage de ce que le Clergé est encore, à ce qu'il deviendra un jour. Avant tout, j'ai cru qu'il étoit bon, & même convenable, de présenter aux Départemens & aux Districts les avantages solides & locaux, qu'ils doivent retirer des changemens à introduire dans le Clergé. Enfin, il a fallu montrer par quels moyens d'exécution, & en combien de temps, ce nouvel ordre de choses pouvoit & devoit s'opérer. Ainsi je présente mon projet de loi sous quatre titres :

Le premier, de la destination future des biens du Clergé.

Le second, de l'état futur du Clergé en France.

Le troisième, de l'état & du sort des Titulaires actuels.

Le quatrième, du plan d'exécution de la présente loi.

TITRE PREMIER.

De la destination future des biens du Clergé.

ARTICLE PREMIER.

Il sera attribué à chaque District du royaume, sur les biens du clergé, une masse de revenus suffisante pour entretenir les ministres essentiels de la religion catholique, & subvenir aux frais de son culte.

ART. II.

Chaque District du royaume aura de plus, sur les biens ecclésiastiques de son ressort, une double fondation nationale : la premiere pour les pauvres, la seconde pour l'instruction publique.

ART. III.

Après avoir destiné une part suffisante au culte, aux pauvres, & à l'instruction publique, l'assemblée nationale disposera de l'excédent dés biens du clergé & des biens de toute autre corporation quelconque supprimée, séculiere, régulière, ou laïque, en faveur des besoins les plus pressans de l'Etat. Il pourra même être créé d'avance des *assignats* particuliers sur ces bénéfices & biens, lesquels assignats seront successivement réalisés à mesure de la vacance de ces biens & bénéfices.

ART. IV.

Le présent décret n'infirme en aucune façon celui qui a été précédemment rendu pour ordonner la vente d'une masse de biens ecclésiastiques, suffisante pour faire, avec la vente des domaines de la Couronne, la somme de 400 millions. Mais l'Assemblée Nationale, manifestant de nouveau ſes intentions à cet égard, ſtatue que cette vente ne peut regarder que ceux des biens du clergé qui appartiennent à des bénéfices vacans, ou à des maiſons religieuſes ſupprimées, & qui ne gêneront point les deſtinations décrétées par les articles 1 & 2.

A r t. V.

Le Comité eccléſiaſtique s'occupera d'un projet de diſtribution des biens du clergé, conforme aux deſtinations & aux baſes adoptées par les précédens articles. Il fera de plus une adreſſe de conſultation pour être envoyée aux 83 nouveaux départemens, & pour obtenir des renſeignemens exacts ſur les beſoins relatifs aux localités de chaque Diſtrict.

T I T R E I I.

Du Clergé futur.

A r t. V I.

Le clergé Catholique cédant ſes biens à la Nation, doit naturellement être à l'avenir ſalarié par elle, ſauf la conſervation viagère des biens poſſédés par les titulaires actuels, ainſi qu'elle ſera réglée au titre 3 du préſent décret.

A r t. V I I.

Le clergé à l'avenir ne ſera plus compoſé que d'évêques, de curés & de vicaires.

A r t. V I I I.

Le nombre des évêchés, des cures & des vicariats qu'il faudra conſerver ou établir dans la nouvelle diviſion du royaume, ſera l'objet d'un travail que le Comité ecclésiastique présentera incessamment à l'Assemblée Nationale, & sur lequel il sera statué avant la fin de la présente session.

A R T. I X.

Le plan de réforme de l'établissement ecclésiastique, qui en conséquence aura été décrété par l'Assemblée, acquerra sa pleine & entiere exécution dans l'espace de 10 ans, c'est-à-dire, avant le terme fixe de l'année 1800, & pour cet effet tous les corps administratifs du royaume veilleront à l'observation des articles suivans.

A R T. X

Parmi les évêchés, cures ou vicariats qui auront été jugés devoir être supprimés, ceux ou celles qui vaquent déja, ou qui viendront à vaquer, seront éteints; & les administrations de district & de département régleront, dans tous ces cas, & dirigeront tout ce qu'il sera nécessaire d'ordonner pour la parfaite exécution des décrets de l'Assemblée

A R T. X I.

Parmi les évêchés, cures ou vicairies qui auront été déclarés devoir être conservés, ceux ou celles qui viendront à vaquer, seront remplis, autant qu'il se pourra, par les évêques, curés ou vicaires qui possedent des places sujettes à extinction, sans interdire néanmoins la nomination d'autres ecclésiastiques, pourvu qu'ils ne soient pris que dans le nombre de ceux qui sont aujourd'hui engagés dans la prêtrise.

A R T XII.

En 1799 il sera fait un dénombrement exact des

évêques, curés & vicaires survivans dans des places sujettes à extinction ; leurs revenus nets seront convertis en pensions viageres & leurs places supprimées, conformément à l'article 9 du présent décret.

ART. XIII.

Tout Citoyen ne pourra dorénavant être engagé dans l'état ecclésiastique sans l'autorisation de la municipalité & du District.

ART. XIV.

Tout homme ordonné par un évêque étranger, ou hors de France, ou contre la disposition de l'article précédent, ne pourra être employé dans le royaume.

ART. XV.

L'article précédent ne s'étend pas sur les prêtres actuellement employés en France, ils pourront continuer à l'être.

ART. XVI.

Le Comité ecclésiastique s'occupera incessamment des conditions de l'éligibilité & du mode d'élection à établir en France, pour les places d'évêques, de curés & de vicaires ; & il sera statué sur cet objet par la présente Assemblée Nationale.

ART. XVII.

Nul individu ne pourra à l'avenir faire le vœu antisocial de rester célibataire pendant toute sa vie.

ART. XVIII.

Toute corporation ecclésiastique tant générale que particuliere, tant réguliere que séculiere est supprimée, sauf la hiérarchie ecclésiastique, & la subordination légale des vicaires aux curés, des vicaires & des curés aux évêques.

A r t. XIX.

Tout privilége exclufif de coftume pour un eccléfiaftitique hors des fonctions de fon état eft aboli. L'habit d'un fonctionnaire public, quel qu'il foit, ne lui eft néceffaire que pour fon fervice. Hors de-là, il n'y a que des Citoyens, & ce feroit affecter un orgueil trop ridicule chez un peuple libre, que de porter dans la fociété la prétention de fe diftinguer des autres par un habit exclufif.

A r t. XX.

Il fera établi tant pour les évêchés que pour les cures & les vicariats qui doivent fubfifter, un *maximum* & un *minimum* de falaires, c'eft-à-dire, une latitude de traitement ou de dotation eccléfiaftique, au-deffus & au-deffous de laquelle ce traitement ou cette dotation ne pourront nulle part, ni s'élever, ni defcendre.

A r t. XXI.

La quotité de ces falaires fera fixée par un décret général; la maniere de les acquitter, par dotation territoriale ou autrement, le fera par des décrets rendus pour chaque département, après avoir entendu leur avis.

TITRE III.

Du fort des Titulaires actuels, &c.

A r t. XXII.

A dater du jour de la promulgation du préfent Décret, nul ne pourra être en activité de fervice, dans le Dé partement ecclésiastique, que les Evêques, les Curés & les Vicaires de Paroisses.

A r t. XXIII.

Nul ne pourra être placé en qualité de Vicaire, que là où il y en avoit déja, & le nombre des Vicaires d'une Paroisse ne pourra pas être augmenté, autrement que suivant le plan indiqué dans les articles VIII & IX. du présent Décret.

A r t. XXIV.

Conformément aux Décrets déja rendus par l'Assemblée, nul Curé ne pourra avoir moins de 1200 liv.; de plus, nul Vicaire ne pourra avoir moins de 700 liv. D'ailleurs les places d'Evêques, de Curés & de Vicaires feront dotées pour l'avenir, suivant ce qui fera décrété d'après le Titre II de la présente Loi.

A r t. XXV.

Les autres Titulaires ecclésiastiques, même les Curés, les Evêques & les Vicaires dont le revenu ecclésiastique est considérable, feront traités, ainsi qu'il est dit dans les articles suivans.

A r t. XXVI.

Tous les Titulaires du Clergé séculier, qui n'ont pas en bénéfices ou pensions ecclésiastiques, plus de 6000 liv. de revenu, en conserveront la pleine & entière jouissance leur vie durant, sauf les impositions communes à toutes les classes de Citoyens.

A r t. XXVII.

Les Titulaires du Clergé séculier, autres néanmoins que les Evêques & Archevêques, dont les revenus eccléfiastiques réunis passent la somme de 6000 liv., seront soumis, mais seulement pour ce qui excède ladite somme de 6000 liv., à des retenues proportionnelles & progressives, telles qu'elles sont expliquées dans l'article suivant.

Art. XXVIII.

Le premier excédent : savoir, depuis 6 jusqu'à 10 mille livres, sera sujet à la retenue d'un dixième. Ainsi, par exemple, sur un revenu de 10,000 liv. il sera retenu 400 liv. ; il en sera retenu 300 sur 7000 ; & 150 sur 7500.

Le second excédent : savoir, depuis 10 jusqu'à 15 mille livres, sera soumis à la retenue de deux dixièmes. Ainsi, par exemple, un Titulaire qui a 15,000 livres, payera d'abord 400 liv. pour le premier excédent jusqu'à 10,000 liv., & ensuite cent pistoles pour le second excédent, qui est de 5000 liv. Si le second excédent n'est pas complet, il ne payera que les deux dixièmes de sa valeur réelle. Ainsi, par exemple, un Bénéficier qui a 12,100 liv. de rente, payera, outre les 400 liv. du premier excédent, 420 liv. pour les deux dixièmes des 2,100 liv. qui forment le second excédent, &c.

Le troisième excédent : depuis 15 jusqu'à 20,000 liv. sera soumis à trois dixièmes de retenue, & ainsi de suite, en augmentant d'un dixième, de 5 en 5 mille livres ; de sorte que le neuvième & dernier excédent qui commence à 45,000 liv. pour finir à 50,000 liv. sera sujet à la retenue de 9 dixièmes ; & qu'au - delà nul Titulaire, s'il n'est Evêque, ne pourra conserver aucun revenu ecclésiastique.

Art. XXIX.

Les Evêques & Archevêques qui n'ont pas au-delà de 30,000 de rentes en bénéfices, ou pensions ecclésiastiques, continueront d'en jouir sans aucune retenue.

Art. XXX.

Les Evêques & Archevêques qui ont plus de 30,000 liv. de rente en bénéfices ou pensions ecclésiastiques, seront soumis pour tout ce qui excède cette somme, à la retenue progressive des dixièmes : savoir, le premier excédent de 30 à 40 mille livres, à celle d'un dixième; le second excédent de 40 à 50 mille livres, à celle de deux dixièmes; & ainsi de suite, en augmentant d'un dixième de 10 en 10 mille livres; de sorte que le neuvième excédent qui est de 110 à 120 mille livres, sera sujet à une retenue de neuf dixièmes, & qu'au delà de cette somme nul Titulaire ne pourra conserver aucun bien ecclésiastique.

Art. XXXI.

Les Evêques & Archevêques qui ont actuellement plus de 120,000 liv. de rente en biens ou pensions ecclésiastiques, & les autres Titulaires qui ont plus de 50,000 livres, seront tenus de se démettre d'une partie de leurs pensions, de leurs bénéfices, ou d'une portion des biens d'un bénéfice, suffisante pour qu'ils soient réduits à la somme de revenu qu'il leur est permis de conserver.

Art. XXXII.

En vertu des articles précédens, la plus forte retenue que puisse supporter un Evêque à 120,000 liv.

de rentes fera de 45,000 liv., ce qui réduira ses revenus eccléfiaftiques à 75,000 net ; & la plus forte retenue à laquelle tout autre Titulaire pourra être foumis, fera de 22,400 liv. fur 50,000 liv. de rente, de forte qu'il lui reftera net 27,6000 liv., fauf toujours pour les uns & les autres la charge des impofitions communes, mais feulement fur la portion de revenus qui leur refte net, après la déduction des dixièmes.

A r t. XXXIII.

Lorfqu'à la vacance des Evêchés, Cures ou Vicariats qui devront être confervés, on appellera pour les remplir les Evêques, Curés & Vicaires dont les places feront défignées pour être éteintes, les Evêques, Curés ou Vicaires auront d'abord le traitement affecté au pofte qu'ils viennent occuper ; & en outre, fi leur jouiffance ancienne étoit fupérieure à ce traitement, ils retiendront de leurs anciens revenus une part fuffifante pour ne rien perdre au déplacement.

A r t. XXXIV.

Les Chanoines de Cathédrales & de Collégiales, les Chanoineffes, & tous Bénéficiers du Clergé féculier poffédant en commun, feront de leurs poffeffions communes, autant de lots qu'ils font de partageans co-titulaires ; ces lots feront tirés entr'eux au fort, & feront foumis aux mêmes loix que les autres Bénéfices.

A r t. XXXV.

L'article précédent ne regarde pas les Dignités, ni même les Prébendes, &c., qui ne font point confondues

dans

dans les menses communes, & dont les Titulaires jouis-
sent à part.

A r t. XXXVI.

Tous les Ecclésiastiques & Religieux non encore engagés dans la prêtrise, seront relevés de leurs vœux par l'autorité légitime, & recouvreront leur ancienne liberté.

A r t. XXXVII.

Les Religieux rentés engagés dans la prêtrise, auront
une pension viagère qui pourra s'élever jusqu'à 1800 liv.,
suivant la fortune de leur Ordre respectif.

A r t. XXXVIII.

Tout Religieux non renté, engagé dans la prêtrise,
aura une pension viagère qui pourra s'élever jusqu'à 1000
liv., suivant la valeur des biens appartenans à son Ordre.

A r t. XXXIX.

Les Religieuses auront une pension viagère qui pourra
s'élever jusqu'à 1000 liv., suivant le bien de leur maison.

A r t. XL.

Tout Abbé régulier ou Abbesse, aura une pension
viagère triple de celle qui sera attribuée aux simples Religieux ou Religieuses de sa maison.

A r t. XLI.

Les Chefs d'Ordre domiciliés en France, auront une
pension viagère dix fois plus forte que celle des simples
Religieux ou Religieuses de leur Ordre.

A r t. XLII.

Les Prêtres engagés ou associés à de simples Congrégations ou Corporations ecclésiastiques, non comprises
dans le Clergé régulier, tels que les Prêtres de la Mission

de l'Oratoire, de la Doctrine Chrétienne, les Sulpiciens, Eudistes, Nicolaïtes, Sorbonistes domiciliés, Navarristes domiciliés, &c. &c. pourront avoir, suivant les fortunes de leurs maisons ou Congrégations, jusqu'à 1800 liv. de pension viagère, s'ils ont passé l'âge de 60 ans; jusqu'à 1200 liv. s'ils ont entre 40 & 60 ans, & jusqu'à 600 l. seulement s'ils ont moins de 40 ans.

Art. XLIII.

Le Comité Ecclésiastique sera chargé de présenter un avis pour régler les secours particuliers ou gratifications qu'il sera convenable d'accorder à tous ceux qui, sous le nom de *Frères Lais*, *Frères Donnés*, *Sœurs Converses*, &c. auront passé une partie de leur vie au service des maisons Religieuses & autres maisons supprimées en vertu du présent Décret. Le Comité embrassera dans son avis, le sort des Religieux & autres Ecclésiastiques qui, quoiqu'âgés, ne seroient pourtant point engagés dans la prêtrise.

Art. XLIV.

Toutes Maisons régulières ou séculières, actuellement employées à des œuvres de charité, à l'éducation ou autres objets d'utilité publique, continueront leur service jusqu'à ce qu'il ait été statué sur leur conservation ou suppression, ou modification. Mais toute Corporation ecclésiastique ayant été supprimée par la présente Loi, l'ancienne autorité intérieure, nécessaire au bon ordre de ces maisons, sera remplacée par la Direction Municipale sous celle du District; de sorte que ces maisons seront des établissemens civils dirigés par le pouvoir civil, au lieu d'être des dépendances de l'état ecclésiastique.

A r t. XLV.

Pourront néanmoins les individus defdites maifons profiter des avantages accordés par la préfente Loi, & même fe retirer, à la condition de prévenir, trois mois d'avance, la Municipalité & le Directoire du Diftrict, afin qu'il foit pourvu à leur remplacement, s'il eft jugé néceffaire.

TITRE IV.

Moyens pour parvenir à l'exécution du préfent Décret.

A r t. XLVI.

Tous les Titulaires actuels du Clergé féculier, qui voudront conferver l'adminiftration de leurs bénéfices, le pourront, aux conditions qui vont être développées.

A r t. XLVII.

Chaque Titulaire enverra l'état exact de tout ce qu'il poffède en biens d'églife, de fes charges & de fon revenu net, au Directoire général des biens eccléfiaftiques, qui fera à cet effet, établi à Paris. En outre, il enverra aux Directoires de Département & de Diftrict l'état de ce qu'il poffède dans le reffort du Département ou du Diftrict enfin il donnera à chaque Municipalité l'état du bien & du revenu qu'il poffède dans fon enclave.

A r t. XLVIII.

Les penfions que l'on a fur d'autres bénéfices feront marquées fur ces états, à raifon de la fituation locale de ces bénéfices.

A r t. XLIX.

Le Directoire général pourra feul donner l'autorifation

à un Titulaire, pour régir lui - même les bénéfices qu'il possède.

ART. L.

Si le Titulaire est sujet à la retenue d'un ou de plusieurs dixièmes, cette retenue sera marquée sur le brevet d'autorisation, & le Titulaire sera obligé de compter tous les six mois, à la Caisse générale du Clergé, la moitié de ladite retenue.

ART. LI.

Si le Titulaire possède un revenu supérieur à ce qu'il lui est permis de conserver par la présente Loi, il en sera aussi fait mention dans le brevet d'autorisation, & le Titulaire se démettra à son choix, de la partie de biens qu'il ne peut retenir, sous peine d'en verser le revenu entier à la Caisse générale.

ART. LII.

Les Titulaires qui ne se feront pas autoriser à régir eux-mêmes les bénéfices, s'en rapporteront au Directoire général, qui les fera administrer par les Municipalités, & en fera compter aux Titulaires.

ART. LIII.

Le Directoire général ouvrira un Bureau, où l'on recevra les demandes des Titulaires qui voudront traiter de gré à gré pour la cession de leurs bénéfices, et le remplacement de leur jouissance en pension viagère.

ART. LIV.

Pour toutes ces opérations, le Directoire général sera tenu de consulter les Administrations de Département & de District; & celles-ci prendront des renseignemens exacts des Municipalités, pour mettre le Directoire général en état de se déterminer avec connoissance de cause.

Art. LV.

Les états ou déclarations des Titulaires pourront être contredits par les Municipalités, les Districts & les Départemens.

Art. LVI.

Il sera établi dans chaque Département, une Cour d'équité, pour terminer toutes les questions à naître sur la présente Loi, à l'exception de ce qui regarde la retenue des dixièmes & la fixation des biens qu'il n'est pas permis à un Titulaire de conserver.

Art. LVII.

Cette Cour sera composée de douze Arbitres nommés moitié par les Evêques qui ont leur Diocèse, ou partie de leur Diocèse dans le Département, & moitié par le Directoire du Département.

Art. LVIII.

Les Cours d'équité jugeront définitivement & sans frais.

Art. LIX.

Il sera établi dans la capitale, une Cour générale d'équité, pour juger définitivement & sans frais toutes les réclamations concernant les retenues des dixièmes, & la fixation des biens qu'il n'est pas permis à un Titulaire de conserver.

Art. LX.

La Cour générale d'équité sera composée de douze Arbitres, nommmés moitié par les Evêques actuellement siégeans à l'Assemblée Nationale, moitié par le Directoire général.

A r t. L X I.

La régie des bénéfices vacans ou qui viendront à vaquer, de ceux que les Titulaires ne feront pas autorifés à régir eux-mêmes, de tous les biens appartenans aux Ordres Religieux, Congrégations & Corporations Eccléfiaftiques quelconque, des Fabriques de Paroiffes, appartiendra aux Adminiftrations de Diftrict, fous la direction de celles du Département & du Directoire général, jufqu'à ce qu'il ait été ftatué fur la deftination de chacun de ces bénéfices.

A r t. L X I I.

Les penfions fur bénéfices, fi elles viennent à vaquer avant ces bénéfices, n'appartiendront pas aux Titulaires, mais feront payées par continuation, à la Caiffe générale du Clergé, jufqu'au moment où les bénéfices venant auffi à vaquer, doivent entrer en totalité fous la régie du Directoire du Diftrict & recevoir la deftination indiquée par le Directoire général.

A r t. L X I I I.

Les Adminiftrations de Diftrict emploieront les Municipalités à la régie des fufdits bénéfices fitués dans leur enclave, & dans cette geftion; les Municipalités feront comptables & refponfables.

A r t. L X I V.

En général les Municipalités & Adminiftrations de Diftrict veilleront à la confervation des biens d'Eglife, & à l'exécution des Décrets de l'Affemblée, tant pour l'emploi des deniers, que pour la vente des fonds, &c., conformément à ce qui eft annoncé au titre premier de la préfente Loi.

Art. LXV.

En attendant que toutes les Cures foient dotées de
1200 liv. de revenu, conformément aux précédents Décrets, ceux des Curés qui n'ont pas aujourd'hui la totalité de ce revenu, y comprenant les autres bénéfices ou
penfions eccléfiaftiques qu'ils pourront avoir d'ailleurs,
recevront de leur Municipalité *un fupplément curial*, fuf-
fifant pour completter lefdites 1200 liv., à dater du 1er.
Janvier de cette année.

Art. LXVI.

Les Municipalités prendront ce fupplément curial fur
les fonds libres des biens eccléfiaftiques, dont elles pourront avoir l'adminiftration; s'il n'y a pas de fonds libres,
elles s'adrefferont à leur Diftrict, & fi l'adminiftration de
Diftrict eft dans le même cas, elle s'adreffera à
celle de Département, & enfin, s'il eft néceffaire, au Directoire - général.

Art. LXVII.

En attendant que le Corps légiflatif puiffe ftatuer fur
le remplacement des dîmes, elles feront perçues par
les Municipalités, au profit du titulaire, s'il y en a un.
Si le bénéfice eft vacant, ou à la mort du titulaire,
elles le feront au profit des pauvres, fous la direction du
Diftrict.

Art. LXVIII.

Néanmoins les Municipalités pourront confier la régie
de la dîme d'un bénéfice à fon titulaire actuel, s'il
veut l'accepter. Dans tous les cas, elles feront attention
que la dîme eft en totalité, ou dans fa plus grande partie,
le patrimoine actuel ou futur des pauvres ; qu'elles doivent employer tous les moyens qui font en leur pouvoir
pour empêcher qu'une reffource auffi précieufe, auffi facrée,

ne soit gaspillée, d'après une fausse interprétation des Décrets de l'Assemblée. Enfin les Municipalités seront responsables de leur négligence à cet égard.

A r t. LXIX.

N'entend point l'Assemblée Nationale empêcher les titulaires & les Municipalités de s'arranger entr'eux à l'amiable pour un équivalent de la jouissance viagère des dîmes, pourvu que ces transactions soient autorisées par les directoires du District & du Département & par le Directoire général, sans toutefois que ces arrangemens particuliers puissent dispenser les Bénéficiers sujets aux retenues des dixièmes, de les acquitter à la caisse générale, comme auparavant.

A r t. LXX.

Toutes les pensions viagères, secours & gratifications, qui seront établis en vertu de la présente Loi, seront payés par la caisse générale, ou sur ses mandemens, par les caisses de Département & de District, en remplissant les formalités usitées en pareils cas.

A r t. LXXI.

Toutes les dispositions du présent Décret seront exécutées le plus tôt possible; mais au moins & en totalité, avant l'année 1800, à l'exception seulement des dispositions qui ne peuvent avoir lieu qu'après la mort des titulaires.

A r t. LXXII.

Il sera fait en 1800 un relevé de tous ceux des titulaires survivans qui auront été autorisés à régir eux-mêmes leurs bénéfices, & il leur sera proposé d'échanger leurs revenus contre une pension viagère d'égale valeur. Mais il seront libres d'accepter ou de refuser cette proposition.